Polnische
Liebesgedichte

Mit Zeichnungen von
Pablo Picasso
Ausgewählt und übertragen
von Karl Dedecius
Insel Verlag

Erste Auflage 1980
© dieser Ausgabe Insel Verlag Frankfurt
am Main 1980
Alle Rechte vorbehalten
Quellenhinweise am Schluß des Bandes
Druck: Nomos Verlagsgesellschaft, Baden-Baden
Printed in Germany

POLNISCHE
LIEBESGEDICHTE

Anna Kamieńska

ADAM UND EVA

»Vertrieben aus meinem Wetterleuchten,
aus Regenguß, Donner, Frost und Feuer.«

»Vertrieben aus der Krippe des Lichts,
aus Nebeln, Stille, schaukelnden Kräutern.«

»Aus Unwissenheiten, Traum und Nichtsein,
vertrieben mit den Peitschen des Bluts.«

»Aus süßer Fühllosigkeit ohne Liebe
verstoßen in deine harte Umarmung.«

Maryla Wolska

NACHTSTÜCK

Nacht ... Nach dem Frühlingsregen ... Der Duft vom nassen Flieder
Raucht aus dem schläfrigen Park ... Ans Herz, das fliegen möchte,
Branden heimliche Fluten, Wogen drücken es nieder –
Der kurze Frühling blüht ... verblüht ... Die Sommernächte,
Nächte des Wartens nahn mit ihrer Angstpsychose,
Sterne locken ins Blau, ins feuchte, uferlose.

So wie bei einer Andacht schweigen rings die Zungen,
Und ich empfinde, fühle – meine höchste Note ...
Noch – ungesungen ...

Kazimierz Przerwa-Tetmajer

EKSTASE

Mein Blick belauscht dich, Urgebild,
Und deine Nacktheit, schaumgeboren,
Verdichtet sich in meinen Ohren
Zur Formmusik, polyphon und wild! ...

Du Melos, fallend vom Sterngefild,
Und Harmonie, der Erde verschworen,
Ganz Strahlenflut, wie von Meteoren,
Und Schönheitscantus, der mich erfüllt ...

Wer so dich erlebt, wird sich ewig sehnen
Nach dir, der Hymne von allen Frauen,
Wie jene Künstler, die Venus, der Schönen,

Ein Bild aus parischem Marmor gehauen,
Dann still, verträumt auf Erden gewandelt –
Sie sahen das Wunder und waren verwandelt ...

Felicja Kruszewska

STILLEBEN MIT PFIRSICHEN

Wir trinken heute den Tee in der weingrünen Gartenlaube,
Ich bin sehr schüchtern und ernst und sage dir artig: Erlaube.

Du sitzt im Sessel bequem und rauchst eine Zigarette.
Die Wespe im Zuckerglas surrt, als wenn sie ein Kümmernis hätte.

Die Sonne rollt schräg herab. Bald ist sie hinter der Eiche,
Indes ich dir auf der Schale goldene Pfirsiche reiche.

Die Pfirsiche leuchten im Glas wie runde und rötliche Backen,
Bewachsen mit winzigem Flaum, wie meine Haut auf dem Nacken.

Der oben ist allerliebst und eine Versuchung für Schlemmer,
Er glänzt wie Rosen und Gold im milden bläulichen Dämmer.

Der duftende – große, reife – der leicht gerötete, warme,
Er faßt sich ebenso an wie meine entblößten Arme.

Du greifst ihn gekniffenen Augs, beginnst ihn sachte zu wenden,
Und reißt ihn behutsam entzwei: sein Saft entfließt deinen
    Händen.

Du nimmst ihm das Herz – den Kern – (um es nach unten zu
    schnippen)
Und führst dann das süße Fleisch zu deinen geliebten Lippen.

Dann neigst du dich, gertenschlank, zu mir im Handumdrehen
Und fragst sehr freundlich: Mein Gott! Was ist denn mit Ihnen
    geschehen?

Ich weine und sage kein Wort, mein Denken schwirrt und
    verwirrt sich ...
Ich wollte ... Ach, ja, ich wollte, ich wär dieser rote Pfirsich!

Bolesław Leśmian

IM ABGRUND

Wenn du auch, atemlos, vergehst vor meinen Küssen,
Gelingt es mir doch niemals, ganz dich zu besitzen!

Denn kaum gehörst du mir, schon bist du mir zerronnen,
Dein Augenlicht zerbricht vor ungestümen Wonnen.

Ich sehe dich in deine Dunkelheit entschwinden
Und halte einen Körper – doch: den einer Blinden! ...

So sinkst du mir hinab in unbekannte Tiefe,
Die ich nie sah, nie träumte – darum aber liebe! ...

Kazimiera Iłłakowicz

DER FLUSS

Jeder Seufzer von deinen
zerschlägt mich an den Steinen.
Ich bin der fließende, flüssige Urstoff, und du – das Ufer
zu meinem Schutze, Sucher.
Du jagst auf der Flur; deine Pfeile, die treffend ungehemmten,
töten auf meinem Busen die Lerchen und weiße Enten;
du fällst die Erlen und Eichen, jahrhunderte weise Stämme,
und flößt sie auf meinen Gewässern fort über alle Dämme.
Dann kommst du keuchend und kniest über mir, du dürstende
 Wildnis,
ich spiegele in meiner Tiefe dein trübes, verwildertes Bildnis;
und werde – wenn du mich trinkst – dann leichter und reiner
 innen,
und spüre durch deine blutige Hand meine Seele rinnen.

Tadeusz Peiper

STURZ

Hunger, Hunger der Haut, der Haut, die geöffnet wie Lippen,
Hunger der Haut, die geöffnet wie Lippen eines Kelches,
wie Lippen eines Kelches aus Schrei und wie eine Note,
aus der das schwarze Sternbild des Herzens spurlos verschwunden,
nahm mich, metallenen Ruf, herab von der Hellebarde,
nahm mich von der Hellebarde, auf der ich glühend blühte,
Hunger der Haut, die geöffnet im Kelch wie eine Note,
stieß mich von meinem Stamm; hinab auf das Haar aus
    Schäumen.

Maryla Czerkawska

MÄDCHEN

Sie laufen hinaus
in silberne Gestöber
nach Liebe,
die an hopfenbewachsenen Zäunen
lehnt
und mit den Augen des Liebsten sie anlacht
– ist es die haltlose Lust dieses Laufs allein?

Sie vollenden sich, angefüllt mit sich selbst –
werden Grün,
Quelle, Kaskade, Hochwasser –
schwimmen, überschwemmen die Luft mit den Armen,
und mit dem Kuß des Windes auf den Lippen
fallen sie, atemlos, gerötet, ins Gras.

Józef Czechowicz

FRAGMENT EINES ZERRISSENEN LIEDES

verflochtene arme ...
kampf der großen begierden ...
die wolkennacht sieht uns zu mit gewitterblitzen
und an den dachtrauf schlägt der wellenhammer vom see

über die welt über sturm donner und deine siege
breitet sich aus die lust ein nebel weltengroß
und wenn ich mich im boote deiner hüften wiege
thront im hause das glück die seele ist heimatlos ...

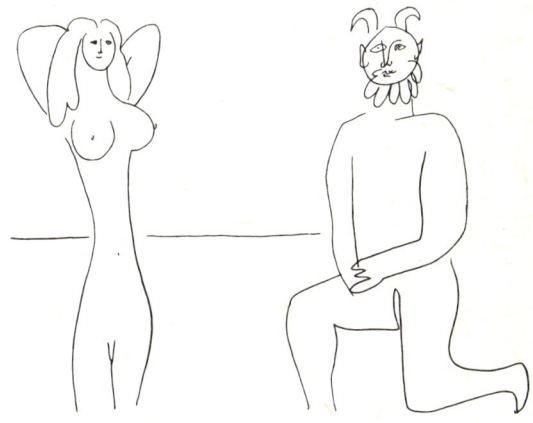

Maria Pawlikowska-Jasnorzewska

DER KLUGE UND DER DUMME

Die Klugen enttäuschen bloß. Beschränkt ist ihre Gescheitheit.
So grenzenlos wie die Sternennacht ist ihr Wesensmangel.
Mein Dummer schweigt zu allem, wie Blumen schweigen, die
duften,
Hager ist er wie ein Hirsch, sein Auge lächelt das Leben.

Nur schweigende Lippen können mit der Berührung reden ...
Die Klugen – sie fallen meistens durch beim Liebesexamen.
Verletzen mit Worten roh das Erbgeheimnis der Liebe,
Zitieren Angelesenes, zeigen verdorbene Zähne.

Mein Dummer ist unbelesen, – seufzt er – dann seufzt der
Frühling,
Blitzt er mit Zähnen – dann hüpfen Lichter über die Wände.
Noch ist vom Geist nicht verhirnt das süße goldne Gewebe
Der Plastik aus Sandelholz, die keinen Bergson gelesen.

Ich halte den Flußleib fest, den Baumstamm, die Last der Frücht»
Mit holder Laune schmiegt die Natur mich in runde Arme.
Und küsse ich seine Haut, als Rehlamm unter der Hirschkuh,
Dann kehr' ich zur Wahrheit zurück nach dummen Gesprächen
mit Weisen.

Der Kluge wird lesend kahl. Das Haar gibt ihm niemand wieder.
Er hinkt vom ignorabimus, bucklig, zum ignoramus.
Gleich nebenan grünt ein Pfad. Dort trabt zu Pferde der Dumme
Und wie ein gleiches mit gleichem spielt sein Haar mit der Sonn»

Gelb, wie Verewigte sind, und raschelnd mit Bücherseiten,
Zerbrochen unter Problemen hüstelt hilflos der Kluge –
Vor Liebe stöhnt mein Dummer – es antworten ihm die Katzen,
Die Sterne huschen wie Vögel über den Himmel, viele ...

Konstanty Ildefons Gałczyński

KÜFERLIN

Als der violette Frost den Chimären den Mund versperrte,
die unten Wache standen am Tor vor der Strahlentreppe,
erhob der Kopfriese Küferlin seine Frau wie ein Zepter
und trug sie aufs Lager und bettete sie auf die weichen Blätter.

Die Spielleute fingen gleich an, ihr brüchiges Werkzeug zu
    stimmen,
damit sie es süßer hatten, die beiden, und lauschiger, weicher,
aber der Beifall blieb aus, und Küferlins Hand gab das Zeichen;
er ließ die Gewitter spielen, dazu alle Winde wimmern.

Die Augen der Frau wurden schmäler vom Lärm dieser
    Hochzeitslieder,
sie schluchzte ganz leise, noch leiser, so leis wie die Bächlein
    flehen,
und weinte ihn an, sie sei klein, habe Angst, würde gar nichts
    verstehen ...
Mitnichten, denn Küferlin lachte und brannte sie lichterloh nieder.

Und danach war es schon still. Nach Maulbeere roch's in den Lüften,
wie silberner Ozean floß der Schweiß von den Frauenarmen ...
Sie lächelte, seufzte, schlief ein – und konnte ihn nicht einmal
    warnen,
als später der Vollmond hereinbrach, um Küferlin fortzutriften.

»Der astrologische Mond, er entführt mich in seinen Hafen!«
rief er noch, und man sah ihn, an den entflochtenen Haaren,
die Kopf und Bauch nach sich zogen, senkrecht gen Himmel fahren,
zusammen mit seiner Frau, die ahnungslos bei ihm geschlafen.

Am Morgen mußte er weinen. Und seine Frau – die lachte;
Sie goß in die Blumenmünder Goldwasser aus der Kanne.
»Du Dummerchen, hielt ich dich nicht«, sprach sie zu ihrem Manne,
»am Ohr mit den Zähnen fest, dann hätt er dich wirklich
    entnachtet ...«.

Zuzanna Ginczanka

VERRAT

Niemand wird mich daran hindern.
Die Sünde aus Fledermäusen und Samt
hängt unterm Giebel der Angst mit ihrem Nagetierkopf nach
    unten –
Bei Dunkelheit stehle ich mich aus dem Turm, fliehe ich aus
    dem Turm,

durch die Nester stechender Wespen,
durch die Hecken vergifteter Kräuter –

Schwer wird aus ihren Trümmern das steile Gefels der Gebote
    gegen mich aufstehn,
die zwanzig Höllen Wedas,
Flammen,
Geheul
und Gezisch,
die phantastische Nacht wird mir nachstellen, mich mit den
    Sternen steinigen,
aber ich werde als Quecksilber allen Fängen entgleiten.
Nichts wird mich daran hindern.

Du wirst dich in einen Wolf, in einen Adler verwandeln,
in eine Bachstelze ich, in ein verzaubertes Ding –
mit unübertroffener List entkomme ich jeder Verfolgung.
Niemals wird mich die Welt daran hindern,
Geliebter – mein Einziger – Teurer,
wenn ich nicht selber
nach Treue im Mai
verlange.

Julian Przyboś

NACHT

Dahergeweht sind Nacht und Sterne, die an den Gipfel schlagen.
Von Bergen, den mondentblößten,
auf beklemmenden Wegen
trägt die Lust des Fallens im Sturmwind
hinab, allertiefst,
in den Schoß, der vom Phallus zerrissen.

Liebe entsetzt wie Abgrund.
Im zerschlagenen Schädel bebt die Empfängnisfrucht, der
    Schmerz.

Ich lege auf deinen Sarg
als Schaufel des Totengräbers
die offene Hand: den Mond.

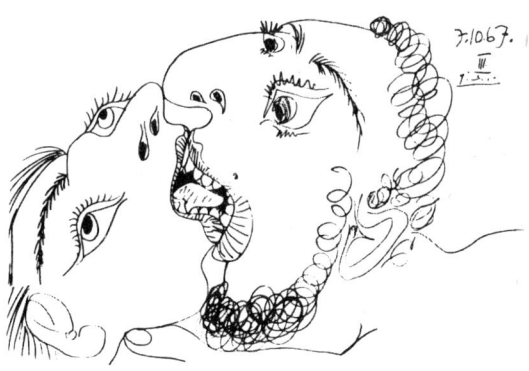

Anna Kamieńska

CARMEN HORAZIANUM

Eheu, du tust mir leid, weil du Horazens
Verse nicht kennst; so leuchtet
Soractes schneeiger Gipfel dir nicht
Und nimmer streckt Phidylis nach dir ihre weißen Arme.

Du sagst, du magst die verstaubten Jungfrauen nicht,
Die von den Lehrstühlen der Sorbonne gezüchtet,
Du schmähst den längst geschmolzenen Schnee, die vor tausend
Jahren verkohlte Gelahrtheit.

Mehr als die Wörterbücher der toten Sprachen
Magst du die Hirne genauer Maschinen studieren,
Das Herz des Gesteins mit der Säure der Sinne prüfen
Und lieben die Welt darin, worin sie – anders.

Quo pinus ingens – aber, und doch, wie immer,
Sagen die Sterne, daß wir nur flüchtig leben,
Und daß ein jeder fortgehen würde, woher
Noch niemand zurückkam – auch nicht Horatius Flaccus.

Und darum eben lieben wir unser Leben
Wie Leuconoe – sehr neugierig auf das Schicksal.
So komm, Geliebter, laß uns das Feuer schüren
Für sie, die immer wieder neue, andere – Liebe.

Jan Śpiewak

VERFOLGUNG

Auf meiner Treppe aus Strophen gehe ich dir entgegen –
die Schiffe-Vögel schwimmen zurück, du bist nicht gekommen.
Die Muschel der See rauscht traurig, ein blauer Lichterregen,
und aus den silbernen Stimmen hebt sich die Erde
      verschwommen.

Mit einem Falken am Arm verfolge ich dich und rufe,
dein Schatten, zitternder Stern, blieb hängen an einer Rute.
Ich suche dich in den Bergen, im Echo schneeiger Hufe,
und welke mit jedem Blatt und wachse mit ihm und blute.

Doch du entkommst wie ein Reh, wie eine Möwe und Viper,
und deine Haare fängt ein der Wind in bleichende Netze.
Am Rande des Horizontes fasse ich dich mit den Lippen
und bleibe plötzlich erstarrt, ein blindgewordener Götze.

Du könntest mich nicht mit Worten trösten und auch nicht
      schröpfen,
dein Lächeln versäumt meinen Blick, dein Hohn meine
      wunden Stellen.
Ich sehe am Flußbett die Menschen sich neigen mit
      hängenden Köpfen
und mit einem Schwert den Stein, den vom Schweigen
      erfüllten, fällen.

Mieczysława Buczkówna

SALZ

Das Salz im Auge
Werde niemals
Zur bitteren Gabe – unseres Meeres

Ich klopfe bei Ebbe
Am Himmelsfelsen
Der Wink der Lider
Entfacht die Flut zwischen uns

Ich friere im Glanze des langen Wartens
Hör' deinen Atem – ins Wort geschrieben
Es regnet bleiern

Hier ist es zu trocken
Das Kamel des geduldigen Satzes entfernt sich
Die Träne ist als Vergleich zu tief

Mieczysław Jastrun

VERGESSENE

Du fliehst. Die Luft löscht alles Bunte
Aus deinen Zügen.

Als Wasserrose tauchst du unter
Und welkst im Fliegen.

Wie du zerfließt in Meeresgalle,
In Salz und Tropfen,
Und deiner Füße Spuren fallen
Dem Fels zum Opfer.

Ich weck dich früh, du blinde Dolde,
Du Himmelsblaue,
Als wenn das Grün ich fragen wollte,
Ob es schon graue.

Dein Aug erlischt unter den Graten
Der Zeit, der bittern,
Doch träumt der See von deinem Atem
Und Gräser zittern.

Du bist Figur vom Salz der Meere,
Lots Angetraute,
Mein Finger legt auf deine Zähre
Des Goldes Laute.

Du ziehst mich tief ins Ungemäße,
Auf Liebesbänke,
Damit das blinde Salz uns fräße,
Das Meer austränke.

Anna Pogonowska

PARADIESISCH

Du bist der Schild der die Landschaft spiegelt
Die mit den Winden pflanzlich verworrene sonnüberflutete

Ich aber atme am Mauerwerk deiner Rüstung
Dort wo der Blätter furchendes Rascheln wimmelt im glatten
    Metall

Auch Blumen sind da. Mit violetten Lippen
Laufen sie über die Felder des Meeres an Ufern gemäht

Und in dem Kranz aus gewundenen Muscheln den hohlen
    Spiralen
Als Blasebalg des paradiesischen Baumes rauscht dein Torso

Krzysztof Kamil Baczyński

INFERNALISCH

Wir liegen auf finsterem Lager wie auf dem Grund eines dürren
Flusses. Unsere langen Haare, die wehend verdorrten
Zähren des Leids verbinden sich, aufgelöst, verwirren
und führen wie Pfade fort zu entlegenen Orten.
Es wuchert jetzt hier ein böses Gestrüpp an unseren Ufern,
manchmal weiß und manchmal wie die Verzweiflung der Erde,
und die Armeen klirren schwer wie mit eisigen Hufen,
ziehend durch helle Monde. Schrei und Schnauben der Pferde
und unterirdisches Dröhnen der Panzer – als würden dort bersten
die leichten Sinns mit dem Körper verbrüderten flatternden
    Herzen.

So leiden denn unsere langen, wie Hände gefalteten Leiber,
erstarrt im nächtlichen Sterben; der Wind läßt die
    Schlehenblätter,
angeschossen im Kampf, auf unsre Gesichter treiben;
nun liegen sie wie posthume Male, hinabgebettet
auf diese Liebe, zu mahnen, daß hier kein Traum uns traf,
so offen wachen die Augen sogar im tiefsten Schlaf ...

Und dann das lange Dunkel. Ich fahre auf in den Nächten,
wie mich die Erde hergab, ohne Waffe und nackt,
den Trieb der unerfüllten Körper loszuflechten
und nachts Soldat zu sein in gnadenloser Treue.
Bevor ich aber geh, bevor die Waffe feuert,
sehe ich, wie die Wolke deines Körpers klagt ...

Małgorzata Hillar

DER FLUSS

Berührt vom lodernden Streichholz
deiner Finger
schlägt meine Flamme so urgewaltig empor
als käme sie
aus der Hölle

Hemmungslos dringt sie ein
in die winzigsten Ritzen
unter die Fingernägel
unter die Lider

Ein Element
nicht zu bändigen
dröhnt
unter dem heißen Himmel
der Haut

Noch einen Moment
und es sprengt
die gepreßten Pupillen
und explodiert
zum rasenden Meer des Brandes

Noch einen Moment
dann zerreißt es
die blauen Flüsse der Nerven
und entfacht die Sintflut des Feuers

Noch einen Moment

Dann
tauchst du in mir
dem flammenden Fluß
unter

Zbigniew Bieńkowski

KONSTRUKTION MEINER ERINNERUNG AN DICH

Noch ist mein Andenken an dich nicht erloschen, noch ist es nicht zu einer Erinnerung erkaltet.

Immer bist du vollendet in der Vorstellung; so sehr, daß ich deine Augen, deinen Mund, und manchmal sogar den Gedanken der Inkarnation, dessen Wirklichkeit du bist, nicht weiß – obwohl ich dich auswendig kenne.

Wenn du blickst, ist es, als fegte irgendein Wind aus Licht, vielleicht dessen Schatten, die Bäume, Farben, Architekturen und ganze Bildwerke davon, so daß ich nicht einmal die Richtungen, in die dein Blick weht, ahne.

Du scheinst unfaßbar zu existieren, in Landschaften, die noch ungedacht sind.

Als wärst du die äußerste Zukunft, vielleicht erst das Korn des in meinen Augen noch nicht aufgegangenen Sehens.

Sprichst du, dann sind deine Worte so neu, sich erneuernd mit jeder Bewegung der Lippen, als sagten sie künftige oder noch spätere, unvorstellbare Begriffe. Keine Sprache, auch die zum Verschweigen dienende nicht, gibt die von dir gedachten Bedeutungen wieder ...

In deinem Gesicht züchtet die Dunkelheit neue, in astronomischen Karten noch ungeborene Sterne. Sie lernen das Aussehen, den Glanz und die Intelligenz der kommenden, von Menschen noch ungedachten Empfindungen. Dein Umriß schwärmt in alle Richtungen aus, als wäre er niemals die Uniform eines vom Raum begrenzten Körpers ...

Der Raum, der dich beherbergt, ist so weit, als kämen alle Horizonte, die du je übersehen hast, an einem Ort zusammen ... Du bist, als wärst du noch gar nicht da.

Teresa Truszkowska

DIE LIEBENDEN VON VERONA

Noch kennen sie sich nicht
und schon sind sie verloren –
Noch hat die Hand den Druck
der anderen nicht erfahren
und schon ist alles verspielt
und erfüllt –

Denn irgendwo gehn sie bereits auseinander
die Gruft öffnet sich ihnen
und die Schneide der Zeit
trennt Körper von Körper –

Noch kennen sie sich nicht
und dennoch lauert jedes
auf die erhofften Schritte
auf die ersehnten Worte
von denen der Raum vibriert

Und so
Schläfe an Schläfe
hinter der unsichtbaren Scheibe
richten sie sich selbst

Jan Brzękowski

GENESIS

an diesem tag der gleichung von tag und nacht
kamst du ins blut mir heimlich
als verborgene strömung als tiefe fließt du in mir
segelst in meinem blut – lodernde braue am rande des dämmers.
welch herrlichen ozean schaffst du am abgrund der augen
und welches pathos entzündet der abend in deinen fünf fingern
    Armoune –

in marmorner stille liegend lauschst du dem rascheln der stunden
schweigend schreist du nackt auf der halde der stimme
gefesselt von glut der haare wie von einer kette.
ich spüre dich jetzt – du bist – du kreist in mir flammend –
hast mich durchsetzt – erfüllst die schmerzgeweiteten adern
wirst in mir neu geboren wühlst zertrümmerst das dunkel
verläßt meinen mund
salzig und heiß.

BEIM WEIN

Er sah, sein Blick gab mir Schönheit
Und ich empfing sie als die meine.
Glücklich verschlang ich einen Stern.
      Ich ließ geschehen, daß er mich ausdachte
      Zum Ebenbild der Spiegelung
      In seinen Augen. So tanze ich, tanze
      In dem Geflatter plötzlicher Flügel.
Tisch ist Tisch, Wein ist Wein
im Glas, das ein Glas ist
Und stehend auf dem Tisch steht.
Doch ich bin imaginär,
Unglaublich imaginär,
Imaginär bis ins Blut.
      Ich sage ihm, was er will: von Ameisen,
      Die an der Liebe sterben
      Unter dem Sternbild der Pusteblume.
      Ich schwöre, daß weiße Rosen,
      Mit Wein besprengt, singen.
Ich lache, neige den Kopf
Behutsam, als überprüfte ich
Eine Erfindung. So tanze ich, tanze
In der staunenden Haut, in der Umarmung,
Die mich erschafft.
      Eva aus Rippe, Venus aus Schaum,
      Minerva aus Jovis' Haupt
      Waren wirklicher.
Sieht er an mir vorbei,
Such ich mein Spiegelbild
An der Wand. Und sehe nur
Einen Nagel, ohne Bild.

Czesław Miłosz

OCTAVE

Zwischen mir und ihr war der Tisch, auf dem Tisch das Glas,
Die rauhe Haut ihrer Ellenbogen berührte die glänzende Fläche,
In der sich der Umriß vom Schatten der Achselhöhle brach.
Ein Tropfen Schweiß gerann über dem Bogen der Lippe,
Und die Entfernung von ihr zu mir war teilbar unendlich,
Rauschend von den gefiederten Pfeilen der Eleaten;
Kein Jahr und nicht hundert Reisejahre könnten sie je
    überbrücken.
Stieß ich den Tisch beiseite, was hätten wir dann vollbracht?
Den Akt vielleicht, den Nicht-Akt, diesen stets wahrscheinlichen,
Ähnlich dem Wunsch, ins Gestein, ins Holz, ins Wasser zu dringen:
Aber sie sah auf mich wie auf die Ringe des Saturn,
Und wußte genau, daß ich wußte; niemand komme da an.
So wurden die Menschlichkeit und die Empfindsamkeit wach.

Urszula Kozioł

ÜBERNACKT

Ich nahm Asyl im Walde
– schon hattest du ihn gerodet.
Ich zog in andere Lande
– schon wurden sie deine.
Wohin ich auch liefe,
tratest du mir in den Weg,
an Übergängen lauerten die gewarnten Gehöfte.

Es sollte ein Zweikampf sein,
es wurde eine Verschwörung,
und nun verfolgen alle dasselbe Tier,
ohne Schonzeit,
wahllos in dem Gebrauch der Waffen.

Keinen gibts, der mir heute das Dach nicht verweigern würde,
keinen, der mich nicht verraten,
nicht anzeigen könnte,
keinen, der mich nicht verfolgte.
Und du stellst den Spuren nach,
bevor ich sie präge in panischer Ausflucht.

Mir blieb zurück, was im verschwiegenen Wort steckt.
Du aber brachtest es fertig in das geheimgehaltene Innere
    einzudringen,
und nun bin ich nicht einmal mir verbündet.
Ist meine Zunge auch stumm,
die Eingeweide sind hundertmäulig.
Mich verraten die Drüsen, der Atem stockt gegen mich,
Blutdruck und Pulsschlag verschwören sich, mich zu verderben –

So viel hast du mir genommen, mich trotzdem nicht ganz
    gefangen.
Willst du mich fassen – greife den Tod,
meine Zuflucht.

Tymoteusz Karpowicz

SIEG

es ist mir gelungen sie in mir einzusperren
hinabsteigend in den fluß – bis an den goldenen hals
tauche ich ihren körper in das fiebernde wasser
stößt sich mein fuß an den scharfen steinen wund
dann hör ich sie zucken und mit der fessel weichen
ihr warmes haar in ihrem traum verstrickt
versucht umsonst aus meinem traum zu fliehen

gefügig liegt sie jede nacht in mir
entzündet sich an meinem herzen ganz

und dann schlägt mich ein toller stein entzwei
der fluß fließt ein als feuer in mein auge
die kleine wiesenblume beißt mich tief
so daß ich wimmern muß obwohl ich siege

Teresa Socha-Lisowska

TREUELOS

In augenblicken da du mir ganz nahe
Seh ich ins dunkel traurig und verlassen
Sehe den fernen park den grün-violetten
Im mondscheinsilber traubenkirschennassen
Wo ich beim klang von sternlichtkastagnetten
Mich längst dem mann ohne gesicht gegeben

Und seitdem irr ich wenn sie mich auch richten
Das kalte treuelose Sichergeben duld ich
Das Antlitz suchend in den Ungesichtern
So bös wie lüstern zärtlich wie unschuldig

Witold Wirpsza

THEOLOGIE

Welcher Liebe bin ich denn untreu, wenn es
Viele gibt? Soll ich jede
Mit anderer Type aufschreiben, mit anderem
Schriftgrad? Wie soll ich sie fügen, um den
Verrat zu vermeiden im Nebeneinander?
In welchem Detail offenbart sich der Peitschenpfiff
In der marmornen Inschrift? Welchem
Stile soll ich in meinen vielen Lieben die
Treue halten? Im Geschmack der
Unbeständigkeit, im absoluten Atem?

Ewa Białous

MAILIED

ach lieben müßten wir jetzt uns lieben am fluß
daneben die messer der blühenden gräser
wie in den himmel gerammte kiefern
aufatmen tief
mit halbgeschlossenen augen
das schilf betrachten im schweigen
der sommerliebe
die wie ein raubvogel kreist in jedem von uns
und stürzt mit breit geöffneten flügeln nach unten

Zbigniew Herbert

SIE LEGTE IHR HAAR

Sie legte ihr haar zurecht
vor dem spiegel und vor dem schlaf
Das dauerte unendlich lange Zwischen der einen
und andern beugung des armes
vergingen epochen Aus ihren haaren rieselten leis
die soldaten der Dritten Legion
der heilige Ludwig mit seinen kreuzrittern
die kanoniere von Verdun
Mit starken fingern
steckte sie sich die glorie zurecht über ihrem kopf
Das dauerte so lange
daß als sie endlich
ihren schaukelnden marsch
zu mir begonnen hatte
mein bislang so folgsames herz
stehengeblieben war
und dicke körner salz
erschienen auf meiner haut

Helena Raszka

DIE EINE PARTIE DES DIALOGS

Den Baum
– so hilflos –
willst du besitzen
bis an den Gipfel seines Schattens
– so trennst du
den Umriß von seinem keimenden Zweig,
damit nicht einmal das fallende Blatt
in den anderen Haaren nistet.
Den Eichkatzennagel,
den Vogelatem
rottest du aus beharrlich
– denn sie
verletzen die Rinde,
berühren die Blume
anders als deine Schere.
Nur Wurzeln,
geschützt
in der Umarmung der Erde,
dringen
in deinen Gedanken an sie
nach außen
und sind
– wie Wolken –
veränderlich,
stets dabei,
neue Kanäle für Regenfälle zu höhlen.

Miron Białoszewski

HALB

plötzlich
hebst du dich ab
von den vermischten straßenformen
mit der wölbung der beine
                des gesichts

kommst daher – halb
ich geh vorbei – halb

wie schade
um diese eine immer unsichtbare seite!
gehst dahin – halb
die bewegung anderer
    zerschneidet dich
        in immer kleinere
        stücke

nichts ist mir von dir geblieben
plötzlich

Joanna Pollakówna

UNSICHERHEIT IM WIND

Jegliches schüttere Element
wird verschüttet werden
jegliche Stille verstummen
über dem weißen Knistern

die Felsenplastik aus Kalk
wird zu grauem Glanz zerrieben

unsere Körper werden
zusammengerollt
zur Erde herunterhängen
die angestauten Gedanken
zu Traumpartikeln
zersprühen

Tadeusz Różewicz

BOGEN

du aus der nacht
wie aus der scheide
gezückte peitsche

ich leide begierden der tiere

geschlossenen augs
gehetzt von schlägen des bluts
getrieben wie eine herde
zertreten

mein körper öffnet sich

tiere springen heraus
beschnuppern verstohlen die nacht

der rücken der ersten geliebten
ein goldener bogen wölbt sich
spannt sich im dunkel
erstarrt

Barbara Sadowska

WAS HÄTTE

was hätte fliegen sollen kriecht in dir
die sandwüste – diese form überflutender wünsche
du kommst dir entgegen – doch die entfernung nimmt zu

die angst, irgendwessen, sie modelliert den schlüssel zum
   brandherd
lausche nur diesem sich selbst belagernden lärm
dem paradiesischen sang – als wärest du schuld
am ansturm der fremden klänge
die nach dir greifen

der dunklen statue der entspannten körper
socken und uhren markieren die gänsehäute
und einige narben

du kommst dir entgegen doch die entfernung nimmt zu
die innigkeit des herumstreunens also – die hoffart der hoffnung
und im verwundeten fisch – der abtreibt
lebendiges lauern

die sandwüste – diese form überflutender wünsche öffnet
in dir die sonne – diese noch
noch eine nacht am abgrund der welt
in armen der sprache die stark ist wie kiefernarme

Andrzej Bursa

DU KENNST

Du kennst meine Tricks, ich kenne deine,
wir verschwenden die Zeit.

Roger Vailland

Du kennst doch alle meine tricks
mein leben
du weißt wann ich kratze schreie tobe
du kennst den starrsinn meiner kämpfe
das schlaffe ermatten befreit vom schmecken und fühlen

dann vergiftest mit wahngebilden du meinen traum
und machst mir jedes asyl unmöglich
ich kenne deine süße
die ich mit hastiger dankbarkeit nehme
wonach mich anfälle schütteln
ich bin gewöhnt an deine grausamkeiten
ich habe die eigene leiche verspotten gelernt
(du kennst diesen meinen letzten trick)
wir sind uns langweilig du mein leben mein feind

Was hilft's daß du funken des schmerzes in meinen rachen preßtest
um mir das gähnen zu erschweren

Alicja Patey-Grabowska

ADAM – EVA

für Anna Kamieńska

Zwei Blutkreisläufe zu einem Kreislauf
zwei Atemzüge zu einem Atem
zwei Blitzeinschläge zu einem Brand

Siehe das sind die durch Gnade des Schicksals Erwählten
vom Wind der auf einem Birkenstamm plötzlich saß
und im Diskant eines Hahns vier Himmelsrichtungen anrief

Siehe das sind die durch Güte des Zufalls Erwählten
vom Blatt das plötzlich auf ihrer Handfläche kniete
das Avemaria ihrer Ekstase flüsternd

Siehe das sind die Eines Gewordenen
Wurzel und Stamm und Stengel
worüber kupfern der Panzer der Blume ausbrach

Adamundeva

Und siehe da sind die durch Zwang des Schicksals Getrennten,
Zerrissenen, die Entzweiten, die bis ins Herz Zerschlitzten
mit Vögeln der Worte ratlos die nie in ihr Nest mehr finden

Adam   Eva

Zbigniew Jerzyna

FRAUENBILDNIS

Wenn du sprichst, preßt du die Worte restlos aus,

und möchtest, wie Chopin nach dem letzten Akkord,
nichts mehr wissen.

Und dann noch deine Geste,
                            die dem Munde stets
das Verschwiegene nimmt.

Du möchtest, daß alles
                   in den Dingen ende.

So steckst du ins Haar vor dem Spiegel
deinen einzigen Kamm.

Bogusława Latawiec

ANLEGESTELLE

Diese landschaft errichtet aus zweigen der sätze
ist wie ein segel des starken windes
tiefer
um einen schritt von meinem gesicht
im dunkelbraunen beschlag der pupillen
pulsschlag der glocken
            berstende elche
            am gelben herd der hitze
lippen –
            die erde zerschnitten von streifen des sandes
            bis an die heiße narbe deiner stimme

Ich bin – die anlegestelle
am reißenden baum der sätze errichtet

Edward Balcerzan

DEINERSEITS DENKEN

für Bogusława

deinerseits denken
kerben der birkenrinde der leinwand von Renoir
doch nur bis zu stellen an denen die feuchtigkeit nicht vernarbt ist
das sengende segel aus dem gewebe von deiner hüfte
zu schrundig von farbe im übermäßig durchbluteten daumen
einziehn

verirrt in dir

im klingenden ameisenhaufen der klunker rückwärts der wade
verweht mit der trockenen watte der wende
bemerkbar in den novembern der lichter schwellend
zur schütteren sandbank des von dir geträumten körpers

wir sind wiederholt in den doppelgängern unserer münder –
unwiederholbar
hervorgeholt aus den warmen tropfen des schlafs – unergründlich
zusammengeschmiegt in der aschgrauen nische – der zeit? unser
selbst? des traums?
die nische erfassend

Anna Janko

BERÜHRE MICH

Berühre mich nicht so zart
sonst wird das gedicht banal

Schlag zu
spuck aus
betrink dich
ein lebenslauf ohne krieg
hat doch keinen sinn

Wir haben uns
lausig
übel
zum brüllen
und existent
zu fühlen

Du mußt uptodate sein
du aber – du bist glücklich
Schande
mit dir
sich auf der straße zu zeigen

Stanisław Grochowiak

DER BUSEN DER KÖNIGIN

Die Hände der Königin sind mit Schmalz beschmiert
Die Ohren der Königin sind mit Watte verstopft
Der Busen der Königin ist aus Holz gedrechselt
Der Mund der Königin hat ein Gebiß aus Gips

Und ich brachte ihr weinwarm meine Zunge her
Im Munde das schäumende Speichelmeer
Der Busen der Königin ist aus Holz gedrechselt

Im Hause der Königin welkt die gelbe Kerze
Im Bett der Königin wird die Wärmflasche lau
Den Spiegel der Königin deckt das Segeltuch zu
Im Glas der Königin rostet die Spritze

Ich aber brachte ihr einen Bauch der nicht straffer sein könnte
Und lauernde Zähne wie Instrumente
Der Busen der Königin ist aus Holz gedrechselt

Vom Haar der Königin fallen Blätter
Aus ihren Augen wächst Spinngewebe
Das Herz der Königin platzt mit Gezisch
Der Atem der Königin gilbt an der Scheibe

Ich aber brachte ihr eine Taube im Körbchen und
Goldene Luftballons – einen ganzen Bund
Vom Haar der Königin fallen Blätter

Halina Poświatowska

EWIGES FINALE

ich versprach dir den himmel
aber das ist nicht wahr
ich stürze dich in die hölle
ins rot – in die qual

wir werden weder himmlische gärten durchwandeln
noch durch die zaunlöcher sehen
wie georgine und hyazinthe blühen
wir – werden uns hinlagern
vor dem tor des teuflischen palastes
auf die erde

werden mit flügeln rascheln
nach engelsart mit verdunkelten lauten
ein lied singen
von der menschlichen einfachen Liebe

im laternenschein
werden wir uns küssen auf den mund
und flüstern – gutnacht
und schlafen

morgens – wird uns der wächter davonjagen
von der verwitterten bank im park
und gräßlich grinsend

auf den unterm baumstamm
liegengebliebenen
apfelrest
zeigen

Ireneusz Iredyński

AUS DER KUNSTGESCHICHTE DES GEFÜHLS
RENAISSANCE

Renaissance deiner Hüften für meine Hände
Renaissance deines Mundes für meinen Mund
Renaissance deiner Augen für meine Arme

Hellenische Maschine
Hochdruck des Bluts Geliebte
danach das Schweißverfahren

Vögel setzen sich sanft auf uns nieder
wie müder Atem
wir sind Skulptur in der Landschaft

Renaissance Geliebte Renaissance
Wiedergeburt aus Asche
aus feindseligen Lippen
und aus geschlossenen Lidern
Wiedergeburt der Hände
Wiedergeburt der Lenden

Unlängst noch waren wir Rümpfe

NACHWORT

Mit Adam und Eva betreten wir paradiesischen, also unsicheren Boden. Den ersten Menschen war zum Beispiel versagt, die Erkenntnis zu suchen und zu versuchen – den letzten Menschen gibt nur das Leben im Erkennen eine Chance.

Wahrscheinlich hatte Albrecht Dürer in seiner Darstellung von Adam und Eva das Grundphänomen (zwar schwarz-weiß, aber ex-akt) erfaßt: Sie, wie sie die Schlange füttert und Ihn mit einem belaubten Zweig in der Hand, auf dem ein Vogel – ein Papagei! – sitzt. Als Ornament dieser *Gegenüberstellung* ist allerlei Getier drumherum versammelt. Im Vordergrund eine Katze, in der Mitte ein Hirschgeweih, im Hintergrund ein Rindvieh. Und alles in äußerster Gelassenheit der Symbole (gedankenlos oder schlafend) dargestellt – bis auf die beiden Menschen, die das Drama zu spielen haben.

Wo Mann und Frau sich zusammenfinden, beginnen sie ihre Umwelt *doppelt* wahrzunehmen. In der verzweifelten Anstrengung, einerseits die Einheit der Geschlechter und andererseits diejenige von Natur und Geist zu finden, steckt – seit dem »Sündenfall« – der Hauptkonflikt im menschlichen Sein.

Kein Wunder, daß die Nachkommen des biblischen Paares – Amor und Psyche, Romeo und Julietta, Faust und Gretchen – wohl aus dem Paradies, nicht aber aus der Literatur zu vertreiben sind. Vom Hohen Lied Salomonis über die Fidellieder der Minnesänger bis zu den Schlaggitarren-Songs der Hippies führt – immerhin – ein schnurgerader Weg. Und die Formen der antiken Bacchanalien oder die Moriskentänze der Spätgotik waren wahrscheinlich exzessiver als die Tänze der heutigen Love-in-meetings.
Die Poesie, ob die der sapphischen Odenstrophen oder die der neuen Sachlichkeit, trägt Erkenntnis, Toleranz und – Ironie, damit Ausgleich und Trost in die erotischen Komplexe und Hysterien.

Variationen

Der Reiz des Poetischen liegt im Detail, im Instrument, im Spiel. In den Variationen der Verhaltensweisen. Deshalb überrascht uns jedes Schicksal, jede Zeit und jedes Land mit immer neuen Artikulationen derselben Offenbarung (oder derselben Verschwiegenheit). Man kann den Eros vordergründig dekuvrieren, wie François Boucher sein Liegendes Mädchen, oder ihn wie Jan Lebenstein hintergründig dämonisieren. Die Poesie der Polen, in dieser Hinsicht besonders potent, ist eine des zentralen Kontrasts: sie musiziert zwischen dem Orient und dem Okzident (Hebraistik und Romanistik) und bezieht beide Kulturkreise ein. Das kommt ihr zugute.

Den Dialog- und Widerspruchscharakter des komplizierten Phänomens anzudeuten, ist die Absicht des Motto-Gedichts von Anna Kamieńska »Adam und Eva«.

Zu Beginn des Jahrhunderts, unter den Dichtern der jungpolnischen Bewegung (Młoda Polska), traten als erotische Dichter Kazimierz Przerwa-Tetmajer (1865–1940) und Bolesław Leśmian (1878-1937) besonders hervor. Ihr naturalistischer (Tetmajer) und symbolistischer (Leśmian) Hedonismus und der Jugendstil der Maryla Wolska (1873-1930) und der Felicja Kruszewska (1897-1943) eröffnen unseren Reigen.

Seine eigentliche Erneuerung erfuhr das polnische Liebesgedicht in den zwanziger Jahren durch die Futuristen und die Krakauer Avantgarde. Tadeusz Peiper (1891-1969) setzte sich in der Februarnummer des Jahrgangs 1923 seiner Zeitschrift »Die Weiche« (Zwrotnica) für die Poesie des nackten Körpers ein: »Unverschämtheit? Nein. Eine neue Lebensphilosophie. Der literarische Gebrauch von Wörtern, die sonst nur flüsternd gesprochen wurden, entspringt keinem Zynismus, nicht einmal dem Wunsch, die Metapher zu erneuern. Er ist ein bewußtes Suchen nach einem neuen Verhältnis zu Dingen, die fremde Faktoren verunreinigt haben. Es geht darum, Erlebnisse wieder in ihr Recht einzusetzen, die besonders bei uns, im Lande des Katholizismus und der mythischen Poesie, mit Unrecht degradiert waren. Es gilt, den Körper in Schutz zu nehmen ... Es gilt, die tiefe Poesie im Leben des Körpers zu entdecken . . .« Peipers Gedicht »Sturz« trägt die Merkmale dieser Versuche, für die der Begründer der polnischen Avantgarde sogar eine eigene poetische Technik – die des »aufblühenden Gedichts« – erfunden hatte. In der ersten Phase des Gedichts wird das Thema (»Hunger der Haut«) vorgezeigt, wie eine noch verschlossene Knospe. In den darauffolgenden Passagen wird es, Wort für Wort, zur Blüte entfaltet.

Derselben Schule der Krakauer Avantgarde – ohne jedoch Peipers Kompositionsformen zu übernehmen – gehören Julian Przyboś (1901-1970) und Jan Brzękowski (1905) an. Beiden ist die Bemühung eigen, der Erotik neue Sprachfelder zu erschließen, jenseits der üblichen Semantik und Sentimente.

Die Gegen-Avantgarde formierte sich in den dreißiger Jahren in Wilna – Czesław Miłosz (1911) – und in Lublin – Józef Czechowicz (1903-1939) – und setzte dem sprachformalen Interesse der Kollegen aus Krakau, den Konstruktivisten, ihr pessimistisches Lebensgefühl entgegen. Abseits dieser schulischen Formationen gingen ihre Wege die Einzelgänger: in Richtung des testamentarischen Gleichnisses, wie Mieczysław Jastrun (1903), oder in Richtung der arkadischen Launen, wie Konstanty Ildefons Gałczyński (1905-1935).

Die zeitgenössischen Lyrikerinnen passionierte das Naturereignis als solches mehr denn alle kunstformalen Bedenklichkeiten ihrer männlichen Pendants (oder Antipoden).

Ergreifend in ihrer tragischen Hilflosigkeit sind die Liebesgedichte der nächsten Generation, die im zweiten Weltkrieg – zwanzigjährig – zu erleben und zu schreiben anfing. Sie ist in unserer Auswahl durch Krzysztof Kamil Baczyński (1921-1944) vertreten. Der Nachkriegsgeneration haben Tadeusz Różewicz (1921) mit seinem »entpoetisierten« Stil und Tymoteusz Karpowicz (1921) durch akribische Selbstanalyse und waghalsige Sprachexperimente neue Wege bereitet. Ihnen folgen die ironischen Nachdenklichkeiten des Zbigniew Herbert (1924) und die Modulationen der anderen – mit oder ohne die bewährten Requisiten – bis zum letzten, einem jüngeren Jünger des Eros dieser Auswahl, Ireneusz Iredyński (1939). Seine ewige »Renaissance« und das »Ewige Finale« der Halina Poświatowska (1935-1967) bilden den kakophonischen Schlußakkord unseres erotischen Duetts.

Während die männliche Liebeslyrik ihre Impulse vorwiegend aus der Biologie schöpft, rühren die Liebeslieder der Dichterinnen fast ausschließlich von der Psychologie her. Die Definitionsversuche der Małgorzata Hillar (1932) sind dabei für die weibliche Liebeslyrik der jüngsten Zeit in Polen ebenso charakteristisch wie die kardiogrammatische Gedankenlyrik der Helena Raszka (1930). Zuweilen bekommt das Gedicht eine psychoanalytische und selbstkritische Komponente, wie bei Wisława Szymborska (1923), die die Kollision der Erwartungen oder die Verkümmerung der sensuellen Potenz entlarvt, wie bei Barbara Sadowska (1940), oder eine philosophische, um, vor der Unvereinbarkeit der beiden Welten, der vorgefundenen und der empfundenen, desillusionierend geläutert, zu resignieren. Die Jüngeren sind noch eher bereit, ungebrochene Bejahung zu artikulieren. Trotzdem fällt es auf, wie stark sich der Anteil der pessimistischen Töne – der Mollakkorde – in dieser kleinen Kulturgeschichte des polnischen erotischen Gedichts behauptet.

Die Evolution der Gattung reicht von der Naivität der Unschuld bis zur Entartung in Sadismus und in sonstigen Formen sensibler Brutalität. Die Liebeslieder der männlichen Stimmen klingen heiser und nicht immer rein, das Wunschdenken der Dichterinnen kreist um die Unteilbarkeit des Gefühls und verzweifelt ob der Unmöglichkeit, die Sehnsucht nach Ganzheit und Dauer zu verwirklichen. Die erhoffte Zweisamkeit zerfällt und erweist sich oft als eine zweisame Einsamkeit.

Maria Pawlikowska-Jasnorzewska (1893-1945), die polnische Sappho genannt, gilt an der Weichsel als Polens größte erotische Dichterin. Die Stimmen der nächsten und der übernächsten Generation, wie die der Urszula Kozioł (1931), bereichern die gewandte und vielerfahrene Salondame Pawlikowska um wesentliche – »non prius audita« – Töne und Nuancen.

Die Geometrie unseres Lebens kennt vier Dimensionen, auch die Lyra der Sappho war viersaitig, und die symbolische Zahl der polnischen Poesie ist – seit Mickiewicz – vierundvierzig. Lassen wir also vierundvierzig Teile dieser Sammlung für das Ganze einstehen. Teile, die sich zeitlich und stilistisch kreuzen, ergänzen oder kontrapunktieren, deren Autoren auch im Leben Paare bilden, oder bilden möchten, oder niemals welche bilden würden. Der Eingeweihte und der Uneingeweihte mögen Unterschiedliches ermitteln. Eros spielt uns leicht auf und posiert uns gern, gilt es Teilansichten herzustellen. Dingfest machen – ein für allemal und ganz – läßt er sich nicht. Das sichert ihm seine ewige Jugend.

Karl Dedecius

AUTORENVERZEICHNIS

INHALT

Die Ausgabe erschien erstmals unter dem Titel *Polonaise érotique* 1968 im S. Fischer Verlag, Frankfurt am Main.

Für die vorliegende Ausgabe wurden die Gedichtübertragungen durchgesehen und zum Teil durch Übertragungen anderer Gedichte ersetzt. Neu aufgenommen wurden die Zeichnungen von Pablo Picasso.

Der Abdruck der Gedichte von Brzękowski, Czechowicz, Grochowiak, Jastrun, Leśmian (»Im Himbeerbusch«), Ostrowska, Pawlikowska und Różewicz erfolgt aus *Polnische Poesie des 20. Jahrhunderts*. Herausgegeben und übertragen von Karl Dedecius. © 1964 Carl Hanser Verlag München.

Das Gedicht von Zbigniew Herbert ist dem Band *Inschrift*, das von Wisława Szymborska dem Band *Salz* entnommen; beide erschienen im Suhrkamp Verlag Frankfurt am Main.